PAI
ME CONTA
SUA
HISTÓRIA

Publicado por Midsummer Bloom Books
1621 Central Ave, Cheyenne, WY 82001, Estados Unidos

Primeira Edição: Junho de 2025
Impresso nos Estados Unidos da América

Índice

Sua História Começa Aqui   4

Criança Arteira   7

Histórias da Adolescência   19

Encontrando Seu Caminho   29

Conhecendo a Mamãe   39

Tornando-se Pai   51

Crescendo Juntos   59

Jornada Profissional   69

Projetos de Paixão   77

Sabedoria e Sonhos   89

Sua História Começa Aqui

Lembra daqueles momentos, Pai? Talvez tenha sido na garagem enquanto consertava alguma coisa, ou durante aquelas idas ao mercado no final de semana, quando você mencionava casualmente seu primeiro emprego, seu antigo bairro ou alguma aventura maluca da sua juventude. Pode ter sido em uma longa viagem de carro, assistindo a um jogo, ou até mesmo naquelas noites tranquilas quando todo mundo já tinha ido dormir. Sempre que essas histórias surgiam, a gente queria ouvir mais.

É disso que se trata este livro. Porque, por trás do "Pai" – o cara que nos ensinou tudo, desde amarrar os cadarços até lições de vida, aquele que trabalhou duro para manter o nosso mundo girando – existe toda uma outra vida que você viveu e que conhecemos apenas em fragmentos. Não apenas os capítulos em que fomos os protagonistas, mas as partes reais – como era crescer no seu tempo, os amigos que moldaram sua jornada, ou o que realmente passou pela sua cabeça quando percebeu que ia ser pai.

Cada página aqui é só o começo. Um leve empurrão para você se lembrar do menino que você já foi, do adolescente cheio de sonhos, do jovem que estava tentando encontrar seu caminho quando nada era certo. Essas não são apenas memórias suas – são as raízes da nossa árvore genealógica.

Tire o tempo que precisar para essas páginas. Talvez as histórias venham à mente durante a sua rotina diária ou naqueles momentos tranquilos em que você tem tempo para refletir. Não há pressa, nem pressão – apenas espaço para suas memórias se desenrolarem.

É o seguinte, Pai – quando você compartilha suas histórias, até mesmo aquelas mais complicadas, com altos e baixos, você nos dá algo inestimável. Elas nos ajudam a entender não apenas você, mas também pedaços de nós mesmos.

Então encontre seu cantinho confortável, onde quer que seja. Pegue aquele lanche que você acha que ninguém sabe que existe, acomode-se e deixe as memórias fluírem.

As suas histórias importam, Pai. E estamos esperando para ouvir todas elas.

Como Usar Este Livro

Esta é a sua história – não há uma linha do tempo a seguir, nem regras a obedecer. Escolha qualquer pergunta que traga uma memória à tona e comece a escrever. Pule partes, volte depois ou demore-se nos momentos que mais importam para você.

Lembre-se, essas perguntas são apenas portas de entrada para as suas memórias. Suas respostas podem te levar por caminhos inesperados, e isso é perfeitamente normal. Este livro não é sobre escrever perfeitamente – é sobre capturar a sua jornada única com a sua própria voz.

Além dos ombros que nos carregaram alto,

Das mãos que nos ensinaram a voar,

Por trás do riso e das lições que você compartilhou,

Está a jornada de um menino que se importou.

Antes de você se tornar nossa luz guia,

Você perseguia sonhos, ganhava asas.

Então conte para nós, Pai, dos dias de antigamente,

Dos caminhos que escolheu e das sementes que plantou.

1

Criança Arteira

Pai, conte para nós sobre o menino que você já foi!
Queremos ouvir sobre as suas aventuras de infância,
os jogos que você jogava e as travessuras que aprontava
antes de se tornar nosso pai.

Casa de Infância

Toda casa guarda inúmeras memórias dentro de suas paredes. O que tornava especial o primeiro lugar onde você viveu? Pense nas imagens, sons e sentimentos que faziam da casa da sua infância um lar.

1.Qual é a memória mais vívida que vem à sua mente quando você pensa na sua primeira casa?

2.Qual era o seu lugar favorito nessa casa – o que o tornava tão especial para você?

3.Se você pudesse caminhar pelo bairro da sua infância mais uma vez, que imagens, sons e cheiros você notaria?

Retrato de Família

Cada membro da família cria uma parte única da nossa história inicial de vida. Quem foram as pessoas importantes que moldaram a sua infância? Pense nas personalidades, tradições e relações que formaram sua primeira ideia de família.

1.Quais rotinas matinais da sua casa de infância se destacam na sua memória?

2.Quem era o contador de histórias, o pacificador e o arteiro na sua família?

3.Como seus pais demonstravam amor de maneiras únicas?

Pequeno Explorador

As crianças veem o mundo como um lugar cheio de maravilhas e possibilidades. Para onde sua curiosidade o levou quando era criança? Reflita sobre os lugares que você explorou e as descobertas que despertaram sua imaginação.

1.Quais lugares misteriosos capturaram sua imaginação quando você era um jovem explorador?

2.Conte-me sobre a sua maior descoberta na infância – o que a tornou tão mágica?

3.Quem eram seus parceiros de aventura e o que os tornava perfeitos para esse papel?

Melhores Amigos

As primeiras amizades ajudam a moldar quem nos tornamos. Quem eram seus companheiros mais próximos enquanto você crescia? Pense nos laços especiais, experiências compartilhadas e lições aprendidas por meio dessas relações importantes.

1.Como você conheceu seu primeiro melhor amigo e o que os aproximou?

2.Quais aventuras malucas ou planos engraçados vocês criaram juntos?

3.Você e seus amigos tinham códigos secretos, regras ou tradições especiais?

Dias de Escola

As salas de aula e os recreios foram o cenário de muitas experiências da infância. Quais momentos dos seus dias de escola se destacam na sua memória? Pense nos professores, nas lições e nas experiências que influenciaram sua educação inicial.

1.Qual momento do seu primeiro dia na escola está gravado para sempre na sua memória?

2.Qual professor viu algo especial em você e como ele demonstrou isso?

3.Conte-me sobre uma experiência na sala de aula que mudou a forma como você via o mundo.

Arteiro

As travessuras e os erros da infância frequentemente ensinam lições valiosas. Quais aventuras levaram a consequências inesperadas? Lembre-se das vezes em que sua curiosidade ou espírito ousado o colocaram em apuros.

1.Qual foi a travessura mais lendária da sua infância que ainda o faz sorrir?

2.Como você enfrentou as consequências quando seu plano engenhoso deu errado?

3.Houve alguma pegadinha que você fez e que lhe ensinou uma grande lição sobre certo e errado?

Diversão de Fim de Semana

Momentos especiais fora da rotina escolar criam memórias familiares duradouras. Como você passava os finais de semana na infância? Pense nas tradições familiares, passeios especiais ou prazeres simples que tornavam esses dias significativos.

1.Qual tradição de fim de semana da sua infância você adoraria reviver só mais uma vez?

2.Como sua família fazia com que até as atividades simples do fim de semana fossem especiais?

3.Você já teve aventuras secretas de fim de semana que seus pais nunca souberam?

Esportes e Jogos

Os jogos e esportes ensinam habilidades importantes além da diversão. Quais atividades capturaram seu interesse enquanto crescia? Reflita sobre os desafios físicos, o trabalho em equipe e o espírito competitivo que moldaram suas experiências recreativas.

1.Qual era seu movimento característico no seu jogo ou esporte favorito da infância?

2.Uma vitória ou derrota lhe ensinou uma lição importante?

3.Qual jogo do recreio fazia você se sentir como um super-herói, e por quê?

Histórias de Heróis

Todos admiramos alguém durante os anos de formação. Quem o inspirou quando você era criança? Pense nas pessoas – reais ou fictícias – que capturaram sua imaginação e moldaram seus primeiros sonhos e valores.

1.Quem foi seu primeiro herói da vida real e o que o tornava extraordinário aos seus olhos?

2.Qual sonho de infância capturou sua imaginação e por quê?

3.Houve algum ato heroico que você viu na infância e que deixou uma impressão duradoura em você?

Desafios da Infância

Momentos difíceis ajudam a moldar quem nos tornamos. Quais obstáculos você enfrentou enquanto crescia? Reflita sobre as lutas que o testaram e as maneiras como você encontrou força nesses primeiros anos.

1.Qual desafio da infância testou sua coragem de maneiras inesperadas?

2.Qual medo de infância você superou e como conseguiu fazer isso?

3.Quem o ajudou nos momentos mais difíceis da sua infância, e como?

Pequenas Alegrias

As pequenas alegrias da infância frequentemente criam nossas memórias mais duradouras. Quais prazeres cotidianos trouxeram felicidade a você quando era criança? Pense nos brinquedos, atividades ou guloseimas que tornavam os dias comuns mágicos.

1.Qual posse querida significava o mundo para você e por que era tão especial?

2.Qual livro ou história de infância mais moldou sua imaginação?

3.Conte-me sobre um brinquedo que se tornou mais do que apenas um brinquedo para você.

2

Histórias da Adolescência

Como era a vida na sua idade, Pai? Estamos curiosos sobre seus amigos, seus desafios e todas aquelas histórias dos seus anos de adolescência que moldaram quem você se tornou.

Crescer Dói

A jornada de criança para adolescente traz tanto empolgação quanto incertezas. Como você enfrentou esses anos de transformação? Pense nos momentos em que começou a descobrir sua identidade em mudança.

1.Quando foi a primeira vez que você começou a sentir que não era mais uma criança?

2.Como você lidou com a transição para os anos de adolescência?

3.Qual foi o momento mais constrangedor que agora faz você rir?

Ensino Médio

A escola se torna um mundo diferente durante a adolescência. Como foi sua vida no ensino médio? Lembre-se das aulas, rotinas e experiências que marcaram sua jornada educacional.

1.Como você se adaptou às mudanças no ensino médio?

2.Como você organizava seu tempo e mantinha tudo em ordem com tantas aulas?

3.Quais professores deixaram a impressão mais forte em você?

Círculo de Amigos

As pessoas com quem nos conectamos na adolescência muitas vezes influenciam quem nos tornamos. Quem foram seus amigos importantes durante esses anos? Pense nas relações que proporcionaram pertencimento, risadas e apoio.

1.Quais atividades aproximaram você do seu grupo de amigos?

2.Quando você conheceu seus amigos mais próximos da adolescência?

3.Quais lugares de encontro se tornaram os pontos regulares do grupo?

Histórias de Paixão

As primeiras paixões e relacionamentos nos ensinam sobre nós mesmos e sobre os outros. Quais foram suas experiências com romance na adolescência? Volte àquelas primeiras sensações de atração e às lições aprendidas.

1.O que fez você decidir convidar alguém para sair pela primeira vez?

2.Como você lidou com suas primeiras experiências de namoro?

3.O que você se lembra do seu primeiro encontro de verdade?

Espírito de Equipe

Clubes, esportes e atividades extracurriculares oferecem importantes oportunidades durante a adolescência. Quais atividades capturaram sua paixão? Reflita sobre as equipes, grupos ou hobbies que deram propósito e pertencimento à sua vida.

1.O que o motivou a participar de determinados times ou clubes?

2.Como você equilibrava as atividades com os estudos?

3.Quais competições se destacam na sua memória?

Grandes Sonhos

Os anos da adolescência são cheios de pensamentos sobre o que está por vir. Quais sonhos e objetivos você tinha para o futuro? Pense nas carreiras, conquistas ou estilos de vida que você imaginava para si mesmo na época.

1.Como você começou a planejar sua vida após a formatura?

2.Havia algum sonho ou ambição que você guardava só para si durante a adolescência?

3.Quais adultos ajudaram a moldar seus planos para o futuro?

Cenário das Festas

As noites de fim de semana traziam promessas elétricas – cada festa, encontro e aventura escrevendo um capítulo na lenda da nossa adolescência. Esses eram os momentos em que o tempo parecia parar e tudo parecia possível.

1.Quais atividades preenchiam sua agenda social nos fins de semana?

2.Como você convencia seus pais a estenderem o horário de voltar para casa?

3.Quais eventos sociais se tornaram lendários entre os amigos?

Liberdade de Verão

As férias de verão eram páginas em branco esperando para serem preenchidas com aventuras. Cada nascer do sol prometia liberdade; cada pôr do sol guardava uma história. Esses eram os dias em que o tempo parecia infinito.

1.Quais responsabilidades vieram com o seu primeiro emprego de verão?

2.Como você gastava o dinheiro que ganhava no trabalho de verão?

3.Quais experiências de verão ensinaram lições valiosas?

Lições de Vida

Entre risos e lágrimas, triunfos e erros, os anos da adolescência for-jam sabedoria no fogo da experiência. Cada tropeço e vitória gravar-am lições em nossos corações.

1.Quais erros ensinaram as lições mais importantes?

2.Como você lidou com seus primeiros grandes desafios?

3.Quando você começou a tomar decisões mais independentes?

3

Encontrando Seu Caminho

Como você descobriu seu lugar no mundo, Pai? Queremos ouvir sobre suas primeiras experiências de liberdade e como você navegou por aqueles emocionantes primeiros anos da vida adulta.

Saindo de Casa

Dar o primeiro passo para longe do lar da família marca uma grande transição na vida. Como foi quando você morou sozinho pela primeira vez? Pense nos desafios e nos momentos surpreendentes dessa nova independência.

1.Que preparativos você fez antes de sair de casa para morar sozinho?

2.Como você lidou com as primeiras semanas de total independência?

3.Que coisas importantes você esqueceu de levar quando se mudou pela primeira vez?

Dinheiro e Finanças

Administrar dinheiro se torna uma habilidade crucial ao começar a vida independente. Como você lidou com suas primeiras experiências financeiras? Relembre suas primeiras tentativas de fazer orçamento, economizar e tomar decisões financeiras.

1.Como você aprendeu a gerenciar suas despesas mensais?

2.Quando você fez sua primeira compra importante?

3.Quais estratégias de orçamento funcionaram melhor para você nesses primeiros anos?

Seu Espaço

O primeiro apartamento ou casa representa tanto liberdade quanto responsabilidade. Como era sua primeira moradia? Reflita sobre o espaço que você criou, os desafios de manter sua própria casa e as pessoas que compartilharam esse momento com você.

1.Quais desafios inesperados surgiram ao cuidar do seu próprio espaço?

2.Como você lidou com conflitos com colegas de casa ou vizinhos?

3.Quais regras domésticas se mostraram as mais importantes?

Explorador Solitário

Explorar o mundo do seu jeito traz descobertas únicas. Para onde suas aventuras solo o levaram? Pense nos lugares que visitou, nos desafios que superou e no que aprendeu ao viajar de forma independente.

1.O que inspirou você a fazer sua primeira viagem independente?

2.Como você se preparou para sua primeira experiência de viagem solo?

3.Quais contratempos de viagem viraram histórias engraçadas ou memoráveis depois?

Construindo Amizades

Novos ambientes oferecem oportunidades para se conectar com pessoas diferentes. Como você criou seu círculo social adulto? Pense nas relações significativas que formou e como elas enriqueceram sua vida independente.

1.Como você manteve contato com antigos amigos enquanto fazia novas amizades?

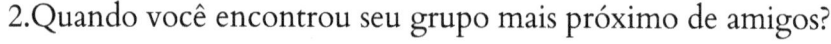

2.Quando você encontrou seu grupo mais próximo de amigos?

3.Quais atividades sociais ajudaram você a construir amizades duradouras?

Habilidades para a Vida

Viver de forma independente significa desenvolver habilidades práticas para lidar com o dia a dia. Quais novas habilidades você precisou aprender? Relembre as tarefas e conhecimentos que vieram com a independência adulta.

1.Quais habilidades básicas de adulto levaram mais tempo para você dominar?

2.Como você aprendeu a lidar com questões de manutenção doméstica?

3.Quais habilidades de vida se mostraram mais valiosas no futuro?

Histórias de Estrada

Cada estrada guarda uma história, cada jornada traz uma lição. Com as chaves na mão e liberdade no tanque, a estrada aberta se torna uma professora de independência e aventura.

1.Quais experiências memoráveis vieram com o seu primeiro carro?

2.Como você planejou sua primeira grande viagem de carro?

3.Quais momentos de viagem se tornaram histórias lendárias?

Assumindo Riscos

Os maiores crescimentos da vida frequentemente estão logo além da nossa zona de conforto. Cada salto de fé, cada escolha ousada, cada aventura aceita ou recusada molda nosso caminho adiante.

1.O que o motivou a sair da sua zona de conforto?

2.Quando assumir um grande risco realmente valeu a pena?

3.Quais decisões ousadas moldaram o caminho do seu futuro?

Voltando para Casa

A independência muda a forma como nos relacionamos com nossas raízes. Como evoluiu sua relação com a família? Pense em como sua perspectiva sobre lar e família mudou enquanto você construía sua própria vida.

1.Quais mudanças você percebeu ao visitar a casa da sua infância?

2.Como sua relação com a família evoluiu nesse período?

3.Quais tradições familiares ganharam um novo significado para você?

4

Conhecendo a Mamãe

Como você e a mamãe se encontraram? Sempre nos perguntamos sobre aquele momento mágico em que a história de amor da nossa família começou.

Primeiro Encontro

A vida pode mudar num instante quando conhecemos alguém especial. Quais foram as circunstâncias do seu primeiro encontro com a mamãe? Pense nesse momento e nos detalhes que ficaram na sua memória ao longo dos anos.

1.O que você estava fazendo quando cruzou o caminho da mamãe pela primeira vez?

2.Quando você percebeu que esse encontro poderia ser especial?

3.Quais detalhes desse primeiro encontro ficaram gravados na sua memória?

Conexão Inicial

O começo de um relacionamento tem seu próprio ritmo. Como seu relacionamento com a mamãe começou a se desenvolver? Reflita sobre os primeiros encontros e interações que formaram a base para o futuro de vocês juntos.

1.O que fez você decidir convidar a mamãe para o primeiro encontro?

2.Como você planejou essas primeiras experiências de namoro?

3.Quando os encontros casuais se tornaram algo mais frequente?

Se Apaixonando

Algumas conexões crescem naturalmente e se tornam profundas. Quando você percebeu que seu relacionamento com a mamãe estava ficando sério? Considere as experiências e os momentos que fortaleceram a conexão entre vocês.

1.Quais atividades ou interesses aproximaram vocês ainda mais?

2.Como vocês passaram o tempo se conhecendo melhor?

3.Quando vocês começaram a compartilhar sonhos para o futuro?

Conhecendo os Pais

Os círculos familiares se expandem quando os corações se conectam, trazendo novas dinâmicas, tradições e relações para navegar. Esses primeiros encontros escrevem os primeiros capítulos da história da família.

1.Que preparativos você fez antes de conhecer a família dela?

2.Como foi o primeiro jantar com os pais dela?

3.Quem foi o parente mais difícil de conquistar?

O Pedido Perfeito

Pedir alguém em casamento é tão emocionante quanto desafiador. Como você decidiu pedir a mamãe em casamento? Reflita sobre o planejamento e os detalhes que envolveram esse momento tão importante.

1.Como você soube que era o momento certo para fazer o pedido?

2.Como você conseguiu manter a surpresa em segredo?

3.Quais elementos você planejou para criar o pedido perfeito?

Planos para o Casamento

Planejar um casamento envolve inúmeras decisões e compromissos. Como foi sua experiência durante o período de noivado? Pense no seu envolvimento nos preparativos do casamento.

1.Quais aspectos do planejamento do casamento ficaram sob sua responsabilidade?

2.Quando os preparativos do casamento se tornaram mais desafiadores?

3.Houve momentos engraçados ou inesperados durante o processo de planejamento?

O Dia do Casamento

Um casamento celebra o início de uma jornada compartilhada. O que marcou o dia em que vocês se casaram? Pense nos acontecimentos inesperados que tornaram o dia memorável.

1.Quais situações inesperadas surgiram no dia do casamento?

2.Como a cerimônia aconteceu em comparação com o que vocês planejaram?

3.Quais momentos do casamento se transformaram em histórias favoritas?

Histórias da Lua de Mel

A primeira viagem como casal cria memórias especiais. Onde começou a vida nova de vocês juntos? Relembre o destino, as experiências e os momentos significativos dessa celebração da nova fase de vocês.

1.Para onde vocês foram na lua de mel?

2.Qual foi sua refeição ou comida favorita durante a lua de mel?

3.Qual experiência se tornou a mais memorável?

Primeiro Lar

Estabelecer o primeiro espaço compartilhado envolve unir duas vidas. Como vocês construíram o primeiro lar juntos? Considere os aspectos práticos e emocionais de criar um espaço que refletisse os dois.

1.Onde era o primeiro lar de vocês e como decidiram por ele?

2.Como foi o processo de mudança? Aconteceu algo engraçado ou inesperado?

3.O que vocês fizeram para tornar o primeiro lar aconchegante e com a cara de vocês?

Crescendo Juntos

O início do casamento é como aprender a dançar – às vezes pisando no pé, às vezes em perfeita sintonia. Cada dia traz novas lições sobre a arte de se tornarem verdadeiros parceiros na vida.

1.O que vocês descobriram de novo sobre o outro depois de casados?

2.Como vocês estabeleceram suas rotinas diárias como casal?

3.Quando vocês enfrentaram o primeiro grande desafio juntos?

Construindo o Futuro

Casais novos frequentemente sonham com o que o futuro pode trazer. Quais planos e esperanças vocês compartilharam naqueles primeiros dias? Reflita sobre as decisões que ajudaram a moldar o caminho de vocês juntos.

1.Quais metas importantes vocês estabeleceram juntos no início do casamento?

2.Qual foi a primeira coisa para a qual vocês economizaram dinheiro como casal?

3.Como vocês alinharam suas visões diferentes para o futuro?

5

Tornando-se Pai

Como foi quando você se tornou nosso pai pela primeira vez? Queremos saber como você se sentiu ao nos segurar pela primeira vez e como mudamos o seu mundo para sempre.

A Notícia

Descobrir que você vai ser pai muda tudo em um instante. Qual foi a sua reação quando soube que um bebê estava a caminho? Pense nesse momento transformador e nas emoções que vieram com essa nova realidade.

1.O que você estava fazendo quando recebeu a notícia?

2.Como você começou a se preparar para o bebê?

3.Quando você contou para a família e os amigos?

História do Nascimento

A chegada de um filho é um dos momentos mais profundos da vida. Como foi o dia em que seu filho nasceu? Relembre os eventos, emoções e primeiras impressões desse dia incrível.

1.O que aconteceu no dia do parto?

2.Quando você segurou seu filho pela primeira vez?

3.Quais momentos do nascimento ficaram mais marcados na sua memória?

Primeiros Marcos do Bebê

Ver uma criança se desenvolver traz momentos de admiração e or-gulho. Quais primeiros marcos ficaram gravados na sua memória? Pense nesses momentos especiais e como eles te impactaram como pai.

1.Quais mudanças no desenvolvimento mais surpreenderam você?

2.Como você registrou os momentos especiais?

3.Quais marcos do bebê foram os mais emocionantes para você?

Família Crescendo

Cada filho traz novas dinâmicas para a vida familiar. Como sua família cresceu e mudou com o tempo? Reflita sobre os ajustes, desafios e alegrias que vieram com cada novo membro da família.

1.Como você se sentiu quando soube que teria outro filho?

2.Quais são algumas das suas memórias favoritas de ver seus filhos criando laços entre si?

3.Quais foram alguns dos desafios que você enfrentou ao ver sua família crescer?

Rotina de Pai

Criar filhos envolve inúmeras responsabilidades no dia a dia. Como eram suas rotinas como pai? Pense nos aspectos práticos da paternidade e como você encarou seu papel diário.

1.Quais tarefas do dia a dia você assumia?

2.Como você organizava as rotinas de cuidado com os filhos?

3.Quais tarefas de pai eram mais naturais para você?

Curva de Aprendizado

Ninguém se torna um pai experiente da noite para o dia. Como foi o seu processo de aprendizado? Pense nos desafios que enfrentou, nos erros que trouxeram lições e em como você cresceu no papel de pai.

1.Quais erros na paternidade ensinaram mais para você?

2.Quando você começou a se sentir confiante como pai?

3.Quais habilidades levaram mais tempo para você dominar?

Homem Transformado

Tornar-se pai muitas vezes muda nossa visão e prioridades na vida. Como a paternidade mudou você? Reflita sobre as maneiras como ter filhos transformou sua perspectiva, seus hábitos e seu senso de identidade.

1.Quais hábitos mudaram depois que você se tornou pai?

2.Como suas prioridades mudaram?

3.Quais novas habilidades você desenvolveu naturalmente?

6

Crescendo Juntos

Você pode compartilhar os momentos especiais da nossa família conosco? Valorizamos essas aventuras diárias, tradições e memórias compartilhadas que nos aproximaram ainda mais.

Começos do Dia

As manhãs definem o ritmo da vida familiar com suas rotinas únicas. Como você começava cada dia? Pense nas atividades matinais regulares e em como todos trabalhavam juntos para iniciar o dia.

1.Qual rotina matinal funciona melhor para a família?

2.Quando você começa as atividades do dia?

3.Quais tradições de café da manhã todos adoram?

Histórias do Jantar

Os jantares em família criam espaço para o compartilhamento e a conexão. O que acontecia ao redor da sua mesa de jantar? Pense nas conversas que surgiam durante esses encontros diários.

1.Quais refeições reúnem toda a família?

2.Como você torna o horário do jantar especial?

3.Quais conversas do jantar você se lembra com mais clareza?

Diversão de Fim de Semana

Os fins de semana seguem suas próprias regras – o tempo desacelera, os pijamas ficam mais tempo, e os momentos comuns se transformam em memórias extraordinárias. Esses são os dias em que o tempo em família reina absoluto.

1.Quais atividades você planeja para os fins de semana?

2.Quando você programa passeios em família?

3.Quais tradições de fim de semana duram mais tempo?

Magia dos Feriados

Os feriados pintam nosso quadro familiar com tradições passadas e novas que são criadas. Nesses momentos festivos, dias comuns se transformam em memórias preciosas que marcam nossos anos juntos.

1.Quais tradições de feriado vocês mantêm?

2.Como você se prepara para as celebrações?

3.Quais momentos dos feriados são os mais memoráveis?

Viagem em Família

Cada jornada em família escreve sua própria história – desvios viram aventuras, imprevistos se transformam em memórias, e descobertas compartilhadas nos unem ainda mais na estrada da vida.

1.O que faz uma viagem em família ser bem-sucedida?

2.Como você lida com os desafios de viagem?

3.Qual viagem criou as melhores histórias?

Lar Doce Lar

Dentro dessas paredes, nossa vida diária se desenrola em incontáveis pequenos momentos. Cada cômodo guarda histórias de risadas, lágrimas, celebrações e momentos tranquilos que fazem de uma casa um lar.

1.Quais regras da casa funcionam melhor?

2.Como vocês dividem as tarefas domésticas?

3.Quais áreas da casa vocês mais usam?

Jogos em Família

Jogos e atividades recreativas revelam as dinâmicas familiares de formas especiais. Que diversão a família compartilhava? Reflita sobre o espírito competitivo, as risadas e a união que surgiam ao jogar juntos.

1.Quais jogos todos gostam de jogar?

2.Como você torna as noites de jogos especiais?

3.Quais jogos geram as risadas mais divertidas?

Família Estendida

Como os galhos de uma grande árvore, a família estendida nos conecta a um mundo maior de amor, tradição e pertencimento. Esses encontros escrevem capítulos na história contínua da nossa família.

1.O que reúne a família estendida?

2.Como você mantém as conexões familiares?

3.Quais parentes você vê com mais frequência?

Dias Especiais

Aniversários, conquistas e celebrações se tornam os pontos de destaque na história da família. Esses dias especiais nos lembram de pausar, comemorar e valorizar nossa jornada juntos.

1.Como você celebra as conquistas da família?

2.Quando você cria ocasiões especiais?

3.Quais tradições de aniversário continuam ano após ano?

7

Jornada Profissional

Pai, como tem sido sua vida profissional? Estamos ansiosos para ouvir sobre os trabalhos que você teve e como usou seus talentos ao longo da sua carreira.

Primeiros Passos

Todo mundo começa de algum lugar na vida profissional. Quais foram suas primeiras experiências de trabalho? Pense nesses primeiros empregos e como eles apresentaram o mundo do trabalho para você.

1.Qual foi seu primeiro emprego remunerado?

2.Como você escolheu sua carreira inicial?

3.Quando você começou sua jornada profissional?

Trajetória de Carreira

As carreiras geralmente evoluem com o tempo, passando por diferentes cargos e empresas. Como sua vida profissional se desenrolou? Reflita sobre o progresso, as mudanças e o crescimento na sua trajetória profissional.

1.O que motivou as principais mudanças na sua carreira?

2.Quando você encontrou sua direção profissional?

3.Qual cargo teve o maior impacto na sua carreira?

Decisões Difíceis

Ao longo de qualquer carreira, surgem momentos de grandes decisões. Quais escolhas importantes moldaram sua trajetória profissional? Reflita sobre as decisões difíceis que você enfrentou na sua vida de trabalho.

1.Como você lida com conflitos no trabalho?

2.Já houve um momento em que você escolheu estabilidade em vez de assumir uma nova oportunidade?

3.Qual desafio profissional mais colocou você à prova?

Desenvolvimento de Habilidades

O crescimento profissional exige aprendizado contínuo e adaptação. Como você desenvolveu sua expertise? Pense no conhecimento que adquiriu ao longo dos anos de trabalho.

1.Quais habilidades se mostraram mais valiosas?

2.Como você se mantém atualizado na sua área?

3.Qual habilidade ou certificação foi a mais desafiadora de conquistar?

Gestão de Tempo

Profissionais eficazes desenvolvem sistemas para gerenciar suas responsabilidades. Quais estratégias ajudaram você a se organizar e ser eficiente? Pense nos métodos que usou para lidar com sua carga de trabalho enquanto reservava tempo para o que importa.

1.Quais ferramentas ajudam você a organizar seu dia?

2.Como você lida com prazos múltiplos?

3.Quais técnicas para economizar tempo funcionam melhor?

Valores Profissionais

Princípios pessoais guiam a forma como abordamos nosso trabalho. Quais valores moldaram suas decisões de carreira? Reflita sobre os padrões, crenças e ideais que influenciaram suas escolhas e comportamento profissional.

1.Quais padrões profissionais guiam seu trabalho?

2.Como você mantém a integridade no trabalho?

3.Quais valores são mais importantes na sua área?

Sabedoria do Trabalho

A experiência proporciona uma perspectiva valiosa sobre a vida profissional. Que sabedoria você adquiriu ao longo dos anos de trabalho? Pense nos aprendizados que vieram através das suas experiências de carreira.

1.Que conselho você daria para quem está começando na carreira?

2.Como você lida com a pressão no ambiente de trabalho?

3.Qual lição de carreira foi a mais difícil para você aprender?

8

Projetos de Paixão

Quais atividades deixam você mais feliz fora do tra-balho, Pai? Queremos saber sobre os hobbies e interesses que trouxeram alegria e entusiasmo para a sua vida ao longo dos anos.

Passatempos de Lazer

Todos descobrem atividades que trazem alegria fora do trabalho e da família. Quais hobbies se tornaram partes importantes da sua vida? Pense nos interesses que te deram prazer ao longo dos anos.

1.Qual hobby tem acompanhado você por mais tempo?

2.Como você encontra tempo para seus interesses pessoais?

3.Seus interesses mudaram muito ao longo das diferentes fases da sua vida?

Expressão Criativa

A criatividade flui por diferentes caminhos para cada um de nós, encontrando expressão em pintura, palavras, música ou muitas outras formas. Essas expressões se tornam a linguagem do nosso mundo interior.

1.Quais projetos criativos você já completou?

2.Como você encontra tempo para seus projetos?

3.Quais ferramentas ou materiais você usa com mais frequência?

Estilo de Vida Ativo

Atividades físicas contribuem tanto para a saúde quanto para o prazer. Quais esportes fizeram parte da sua vida? Reflita sobre as maneiras como você se manteve ativo e os desafios físicos que abraçou.

1.Quais esportes ou atividades você pratica regularmente?

2.Como você mantém sua rotina de exercícios?

3.De quais conquistas esportivas você mais se orgulha?

Canto do Colecionador

Reunir itens de significado pessoal pode se tornar uma busca cheia de propósito. Você já colecionou algo especial ao longo dos anos? Pense nas coleções que trouxeram alegria para você.

1.Que itens você coleciona e por quê?

2.Como você organiza sua coleção?

3.Algum item da sua coleção tem uma história particularmente inter-essante?

Jogos Mentais

A estimulação mental vem de muitas formas, desde jogos até aprendizado ao longo da vida. Quais atividades desafiam sua mente? Pense nos quebra-cabeças, jogos ou atividades intelectuais que te desafiaram.

1.Quais desafios mentais você mais gosta?

2.Como você melhora suas habilidades de resolução de problemas?

3.Quando você encontra tempo para aprender algo novo?

Histórias de Oficina

Criar ou consertar coisas proporciona um tipo especial de satisfação. Quais projetos de construção ou reparo você já enfrentou? Reflita sobre suas experiências com ferramentas e materiais para criar ou consertar coisas.

1.Como você aprendeu suas habilidades de "faça você mesmo"?

2.Quando você completou seu primeiro grande projeto?

3.De qual projeto ou criação você mais se orgulha?

Aproveitando o Ar Livre

No abraço da natureza, encontramos tanto aventura quanto paz. Seja cuidando de um jardim ou explorando a natureza, esses momentos nos conectam a algo maior do que nós mesmos.

1.Quais atividades ao ar livre você mais gosta?

2.Como você planeja suas aventuras na natureza?

3.Quais lugares naturais você visita regularmente?

Leituras Favoritas

Os livros abrem portas para diferentes mundos e perspectivas. Qual papel a leitura desempenhou na sua vida? Reflita sobre os livros que foram significativos para você ao longo dos anos.

1.Qual livro despertou seu interesse pela leitura pela primeira vez?

2.Como você escolhe quais livros vai ler a seguir?

3.Há algum livro que você já leu várias vezes?

Memórias de Filmes

Os filmes oferecem entretenimento e marcam diferentes capítulos das nossas vidas. Quais filmes foram significativos para você ao longo dos anos? Pense nas histórias e personagens que deixaram uma impressão duradoura.

1.Quais filmes você se lembra de assistir várias vezes?

2.Como você descobriu seus gêneros ou diretores favoritos?

3.Como você escolhia os filmes para as noites de cinema em família?

Mundo Digital

O mundo digital transformou a forma como buscamos interesses e nos conectamos com os outros. Como você interagiu com a tecnologia como hobby? Reflita sobre suas experiências com ferramentas digitais e projetos relacionados à tecnologia.

1.Quais projetos de tecnologia despertam seu interesse?

2.Como você se mantém atualizado com as tendências digitais?

3.Há comunidades online das quais você participa ativamente?

Interesses Compartilhados

Algumas paixões se tornam mais fortes quando compartilhadas com outras pessoas. Quais interesses você levou adiante ao lado de amigos ou grupos? Pense em como essas paixões compartilhadas conectaram você com outras pessoas.

1.Quais atividades em grupo você participa?

2.Como você se conecta com outras pessoas por meio dos seus hobbies?

3.Quando você organiza atividades em grupo?

9

Sabedoria e Sonhos

Quais lições de vida você quer compartilhar com a gente, Pai? Estamos curiosos tanto sobre suas esperanças para o nosso futuro quanto sobre a sabedoria importante que você reuniu ao longo da sua jornada.

Bússola da Vida

Alguns princípios permanecem eternos, como faróis guiando navios através das tempestades. Esses valores essenciais se tornam a base sobre a qual se constroem futuros valiosos.

1.Quais são as três regras mais importantes pelas quais você vive?

2.Como você toma decisões difíceis quando precisa escolher entre duas boas opções?

3.Quais hábitos diários ajudam você a se manter alinhado com seus valores?

Receita do Sucesso

O verdadeiro sucesso tem muitos ingredientes, misturados em proporções únicas para cada vida. Mas alguns elementos essenciais permanecem constantes, criando a base para uma vida bem vivida.

1.Quais passos práticos levaram às suas maiores conquistas?

2.Como você equilibra com sucesso os diferentes aspectos da vida?

3.Quando você percebeu o que sucesso realmente significa para você?

Força Interior

O caráter, como um carvalho imponente, se fortalece com as tempestades da vida. Esses recursos internos se tornam nossa base quando os apoios externos vacilam.

1.Quais práticas diárias ajudam a construir resiliência mental?

2.Como você mantém o foco durante os momentos difíceis?

3.Quais desafios ensinaram as lições mais valiosas para você?

Testes de Confiança

A confiança, como um cristal fino, leva tempo para ser construída, mas pode se quebrar num instante. Através de experiências de lealdade e traição, aprendemos a delicada arte de confiar nos outros.

1.Quais sinais ajudam você a avaliar a confiabilidade de alguém?

2.Como você verifica a confiabilidade das pessoas no trabalho?

3.Quando você aprendeu a estabelecer limites com os outros?

Escolhas Difíceis

Os cruzamentos da vida raramente vêm com placas claras. Através de decisões difíceis, aprendemos a navegar pelo terreno complexo entre o certo e o certo, entre o bom e o melhor.

1.Qual método você usa para tomar decisões difíceis?

2.Como você pesa os benefícios de curto prazo em relação aos de longo prazo?

3.Qual decisão difícil se mostrou mais benéfica no futuro?

Sonhos para o Futuro

Como estrelas guiando navegantes pelos vastos oceanos, nossos sonhos para aqueles que amamos iluminam o caminho à frente. Essas esperanças que carregamos se tornam as constelações pelas quais nossa família traça seu curso.

1.Quais objetivos específicos você tem para nossa família nos próximos 5-10 anos?

2.Como você planeja ajudar cada membro da família a alcançar seus sonhos?

3.Quais passos práticos você está dando hoje para construir o futuro da nossa família?

Mais Histórias para Guardar

Todo pai ou avô carrega um tesouro de memórias esperando para ser compartilhado. Nossos lindos livros de recordações ajudam a capturar essas histórias preciosas antes que se percam com o tempo.

Nossa Série de Histórias em Família

| História do Pai | História da Mãe | História do Vovô | História da Vovó |

Disponível em:

• Amazon

• Principais livrarias online

Dê um presente que se torna mais valioso com o tempo – porque a história de cada membro da família merece ser contada, compartilhada e guardada.

www.ingramcontent.com/pod-product-compliance
Lightning Source LLC
Chambersburg PA
CBHW051327120626
46547CB00015B/2438